16 AOUT 64 PRÉFET ILLE-ET-VILAINE

ILLE-ET-VILAINE

FACULTÉ DE DROIT DE RENNES

THÈSE

POUR

LA LICENCE

RENNES
IMPRIMERIE DE CH. CATEL ET Cie,
rue du Champ-Jacquet, 25.

UNIVERSITÉ DE FRANCE. — ACADÉMIE DE RENNES.

FACULTÉ DE DROIT.

THÈSE POUR LA LICENCE.

JUS ROMANUM................... Soluto Matrimonio Dos quemadmodum petatur.

DROIT FRANÇAIS. — CODE NAPOLÉON. De l'acceptation et de la répudiation de la Communauté.

Cette thèse sera soutenue le samedi **13** août **1864**, à sept heures du matin,

Par **M. DE CAQUERAY** (Gaston-Marie-Théodore),

Né à Paris, le 17 décembre 1843.

Examinateurs,

MM. HUE, BODIN, professeurs; LEVEILLÉ, ÉON agrégés.

RENNES

IMPRIMERIE DE CHARLES CATEL ET Cⁱᵉ,

rue du Champ-Jacquet, 25.

1864

A LA MÉMOIRE

Du meilleur et du plus dévoué des Pères,

QUI, PAR SES CONSEILS DONT J'AI ÉTÉ SI VITE ET BIEN CRUELLEMENT PRIVÉ,
ME FACILITA L'ÉTUDE DU DROIT.

———

A MA FAMILLE.

—

A MES AMIS.

———

A MM. les Professeurs de la Faculté de Droit,

TÉMOIGNAGE DE RECONNAISSANCE.

JUS ROMANUM.

Soluto Matrimonio, Dos quemadmodum petatur.

(Dig., lib. 24, tit. 3. — Ulp., Regl., tit. 6.)

PROOEMIUM.

Dos est donatio quædam marito delata ad sustinenda matrimonii onera. Si mulier in manum mariti convenisset, omnia quæcumque ejus bona mariti essent; tunc enim mulier loco filiæ est.

§ 1. — *Quomodo dos constituatur?*

Dos aut datur, aut dicitur, aut promittitur.

Dos dari intelligitur mancipatione si res sit mancipi, traditione si res nec mancipi, cessione in jure si res mancipi aut nec mancipi.

Dicitur dos quæ solemnibus verbis absque interrogatione constituitur; promittitur vero dos per interrogationem et responsionem congruentes.

Dictio a cæteris constituendæ dotis modis in eo differt quod non omnes dotem dicere possint; possunt tantum dicere dotem mulier quæ nuptura est et debitor mulieris si jussu ejus dicat, ad hanc rem constitutus, parens mulieris virilis sexus per virilem sexum cognatione junctus, velut pater, avus paternus. Contra, dare, promittere dotem omnes possunt. (Ulp., Regl., tit. VI, § 2.)

Acceptilatione quoque dos constituitur, cum debitori marito a muliere vel extraneo acceptum feratur dotis constituendæ causa; atque delegatione, si mulier vel extraneus reum marito nomine dotis delegaverint.

Denique constituitur dos cum obligatio cedatur, quod per novationem mutato creditore aut per procurationem in rem suam accidit.

§ 2. — *Quotuplex sit dos?*

Dos est aut profectitia, aut adventitia.

Profectitia dos est, quæ a patre vel parente profecta est, de bonis vel facto ejus.

Dos adventitia est ea quæ a quovis alio data est.

Dos receptitia est, si is qui dotem constituit, seu pater, seu quivis alius, ut sibi dos redderetur stipulatus est.

PRIMA PARS.

De restitutione dotis, ante Justinianum.

CAPUT PRIMUM.

QUANDO ET CUI ACTIO DE REPETENDA DOTE COMPETAT?

Circa restitutionem dotis interest quomodo solvatur matrimonium. Aliud enim juris obtinet cum morte mulieris, aliud cum morte viri, aut divortio matrimonium solvitur.

§ 1. — *Cui actio competat, mortua in matrimonio muliere.*

Interest hoc casu an dos profectitia, an adventitia sit.

I. — Primum videndum est de profectitia.

Mortua in matrimonio muliere, dos a patre profecta ad patrem revertitur, quintis in singulos liberos in infinitum relictis penes virum; quod si parens præmortuus est, dos apud virum remanet (Ulp., tit. VI, § 4) : similiter, si pater qui pro filio dotem dedit, damnetur, nihil competit fisco; manebit ergo dos penes virum.

II. — Nunc videndum est de adventitia.

Adventitia dos semper penes maritum remanet; præter quam si is qui dedit, ut sibi redderetur stipulatus fuit, quæ dos specialiter receptitia dicitur (Ulp., Regl. VI, § 5). Unus tamen casus excipiendus est quo, mortua in matrimonio muliere, vir dotem adventitiam non lucratur; nimirum si vir uxorem suam occiderit, actio heredibus uxoris danda est; non enim æquum est virum ob facinus suum dotem sperare lucrifacere. (Dig., liv. 24, tit. III, loi 10, § 1.)

I. — De casu quo mulier sui juris est.

Soluto matrimonio, si quidem sui juris sit mulier, ipsa habet actionem ad dotis repetitionem (Ulp., Regl. VI, § 6). Mulieri quoque ipsi competit hæc actio, si in insulam pater deportatus fuerit qui dotem pro filia dedit (loi 42, *princip.*). Uno casu, quamvis mulier jam tempore soluti matrimonii sit sui juris, actio repetendæ dotis patri dabitur, scilicet cum in fraudem patris divortium factum est, ne mortua in matrimonio muliere dos profectitia ad ipsum rediret. Itaque, si filiæ meæ emancipatæ et ægræ vir in hoc repudium misit, ut mortua ea dotem potius heredibus ejus quam mihi redderet, utile mihi ejus dotis reciperandæ judicium datur. (Dig., liv. 24, tit. III, loi 59.)

II. — De casu quo mulier est filiafamilias.

Quod si in potestate patris mulier sit, pater *adjuncta filiæ persona* habet actionem ad dotis repetitionem, nec interest adventitia sit dos, an profectitia (Ulp., Regl. VI, § 6). Igitur pater, non aliter quam ex voluntate filiæ petere dotem, nec per se, nec per procuratorem potest. Ei dos erit promittenda, cui uterque jusserit. Cæterum, si pater solus jussit, actio filiæ non erit adempta, quandoque sui juris filia fuerit facta.

Item, si voluntate solius filiæ promittatur, remanebit actio integra patri, sed non poterit agere nisi adjuncta filiæ persona, cui, tantum cum sui juris fuerit facta, nocebit ista stipulatio. (Dig., *eodem titulo*, loi 2, § 1.)

Non solum in exigenda, sed etiam in solvenda dote quæ communis est patris et filiæ, utriusque voluntas exquiritur, nec alter alterius deteriorem conditionem facere potest. (*Id.*, loi 3.)

Hinc, si post solutum matrimonium filiafamilias citra patris voluntatem exactam communem dotem consumat, patri, et viva ea et mortua, actio superest, ut dos ipsi solvatur; quod ita verum est, si perdituræ solvatur. Cæterum, si non perdituræ et ex justis causis soluta sit, non supererit actio, sed mortuo patre, nec etiam heredes agent, nec mulier. (*Id.*, loi 22, § 1.)

Si, soluto matrimonio, pater furiosus sit et curatoris copia non sit, aut si pater ab hostibus captus sit, agere filiæ permittendum est, sed ita tamen ut caveat ratam rem patrem habiturum. (*Id.*, loi 22, § 10.)

Eo tempore consentire filiam patri oportet quo lis contestatur. Secundum hæc, si filia dicat se patri consentire et ante litis contestationem mutaverit voluntatem, vel etiam emancipata sit, frustra pater aget. (Loi 22, § 5.)

Cæterum filia, nisi evidenter contradicat, videtur consentire patri; dotem voluntate filiæ videtur pater recepisse, cum causas contradicendi ei filia non haberet. (Loi 37.)

Quamvis autem maneat actio mulieri, cum patri citra illius voluntatem dos soluta est, tamen si pater sine consensu filiæ dotem a viro exegisset, et eamdem alii viro filiæ nomine dedisset, et mortuo patre, filia cum priore viro ageret, doli mali exceptione repellitur. (Dig., loi 4.) Item, si pater, filia absente, egerit, etsi omissa sit de rato satisdatio, filiæ denegari debet actio, sive patri heres exstiterit, sive in legato tantum acceperit, quantum dotis satis esset; tum compensandum in dotem quod a patre datur. (Loi 22, § 3.)

Post divortium defuncta muliere, heredi ejus actio non aliter datur, quam si moram in dote mulieri reddenda maritus fecerit. (Ulp., Regl., tit. VI, § 7.)

CAPUT SECUNDUM.

ADVERSUS QUOS COMPETANT ACTIONES DE RESTITUENDA DOTE.

Et adversus ipsum maritum competere palam est, sive ipsi dos data sit, sive alii ex voluntate mariti, vel subjecto juri ejus, vel non subjecto.

Si filiusfamilias sit maritus, et dos filio data sit, si quidem jussu soceri, in solidum socer tenetur; quod si filio data sit non jussu patris, pater ejus de peculio tenetur et ipse filius rei uxoriæ actione. (Dig., loi 22, § 12.) Si autem socero dos data fuit, cum marito non poterit mulier experiri, nisi patri filius heres exstiterit.

Observandum superest persecutionem dotis competere adversus heredes et quoscumque successores viri aut soceri qui dotem acceperunt. Hinc, si, marito publico judicio damnato, pars aliqua bonorum ejus publicetur, fiscus creditoribus ejus satisfacere necesse habet, inter quos uxor quoque est. (Loi 31, *princip.*)

Quod si socer a genero heres institutus, adierit hereditatem, quandoque, mortuo patre, cum herede ejus filia actura est, ergo, si emancipasset pater filiam, ipse quoque conveniri posset. (Loi 44, *princip.*)

CAPUT TERTIUM.

DE TEMPORE DOTIS RESTITUENDÆ.

Dos, soluto matrimonio, restituenda est a marito; non tamen semper statim; enim vero dos si pondere, numero, mensurave contineatur, annua, bima, trima die redditur; nisi ut præsens reddatur, convenerit. Reliquæ dotes statim redduntur. (Ulp., Regl., tit. VI, § 8.) Sed, soluto matrimonio, dilatio quædam ad reddendam dotem viro concedi potest; hoc autem casu, hæc adjicitur lex ut vir satisdet.

Dilatio tamen quæ, sive ex conventione, sive ex lege, ad restitutionem dotis competit, ad eam dotis partem non porrigitur, ex qua funus mulieris pater fecerit, quum hæc res moram non patiatur. (Loi 60.)

Unde statuendæ sunt duæ regulæ.

Prima regula. — Dos manente matrimonio non *exigi* potest.

Tamen, uno casu, constante adhuc matrimonio, dos exigi potest; scilicet cum maritus vergit ad inopiam tantam ut evidentissime appareat mariti facultates ad dotis exactionem non sufficere. (Dig., lib. 24, tit. 3, loi 24.)

Secunda regula. — Dos manente matrimonio non *reddi* potest.

Attamen, manente matrimonio, non perdituræ uxori dos reddi potest, non tantum ut se suosque alat, ut fundum idoneum emat, ut æs alienum solvat, ut in exsilium, ut in insulam relegato parenti præstet alimenta, aut ut egentem virum, fratrem sororemve sustineat, sed etiam ut liberis ex alio viro egentibus, aut fratribus, aut parentibus consuleret, vel ut eos ex hostibus redimeret. In omnibus his casibus, qui ex justa et honesta causa veniunt, non videtur male accipere, et ideo recte ei dos solvitur, idque et in filiafamilias observatur. (Dig., lib. 23, tit. 3, loi 73, § 1. — Lib. 24, tit. 3, loi 20.)

CAPUT QUARTUM.

QUID VENIAT IN JUDICIO REPETENDÆ DOTIS.

§ 1. — *De rebus dotalibus.*

Cum vir accepit res fungibiles, non corporum, sed quantitatis, soluto matrimonio, debitor est, adeoque, etiamsi corpora perierint, alia res restituenda est ejusdem naturæ, qualitatis et quantitatis.

Ipsæ res quas mulier aliusve pro ea inæstimatas in dotem dedit, ei, soluto matrimonio, restituendæ sunt, nec solum si propriam, sed et si alienam rem sciens mulier in dotem dederit, reddenda ei est quasi suam dedisset. (Loi 11, Dig., lib. 24, tit. 3.) Veniunt autem species restituendæ quales tunc sunt, et ita demum si extent, tamen, si post divortium res dotales deteriores factæ sint, et vir in reddenda dote moram fecerit, omnimodo detrimentum ipse præstabit. (Loi 25, § 2.)

Venit etiam in hoc judicio restituenda causa rerum dotalium, quæ ex his rebus aut circa eas res nata est, hinc, si constante matrimonio legato aut hereditate aliquid servo dotali obvenit, quod testator noluit ad maritum pertinere, id soluto matrimonio reddendum est mulieri.

Cum vir species æstimatas in dotem accepit, solum pretium quo æstimatæ sunt in actione restituendum venit, lucrum igitur et periculum circa eas res maritum spectat; hoc etiam si ipsius mulieris usu deteriores res fierent; nam æstimatæ res, usu etiam mulieris, periculo mariti deteriores efficiuntur. (Dig., lib. 24, tit. 3, loi 51.)

Æstimatis rebus in dotem datis, pactum intercessit ut quacumque causa dos reddi deberet, ipsæ res restituerentur, habita ratione augmenti et deminutionis, viri boni arbitratu, quæ vero non exstarent, ab initio æstimatio earum; quæsitum est, cum res quædam quas maritus vendiderat exstarent, an secundum pactum et hæc ad mulierem pertinerent? Scævola respondit, res quæ exstant, si neque volente neque ratum habente muliere venissent, perinde reddendas, atque si nulla æstimatio intervenisset. (Dig., loi 50.)

Circa restitutionem ususfructus in dotem constituti, plures casus complectitur Marcellus. Usufructu in dotem dato, si divortium intervenerit, nec proprietas rei apud maritum vel mulierem sit, eam dotis esse restitutionem, ut maritus caveat, quamdiu vixerit, passurum se utifrui mulierem heredemque ejus; quod an verum sit circa adjectionem heredis, dubitat Marcellus. Interest, quemadmodum sit ususfructus in dotem datus. Si cum haberet mulier fructum, viro, cujus erat proprietas fundi, usumfructum cessit : nihil mulier heredi suo relinquet : debebatur enim ei ususfructus, qui ad heredem non solet transire. Quod si fundi sui fructum mulier viro cessit, restitui is a viro debet : cum proprietate enim ad heredem ejus transisset, si vir in reddendo eo non fecisset moram. Si vero alienata sit

proprietas, aut aliquis fundi sui usumfructum mulieris jussu viro ejus dederit in dotem, inspiciendum est primum, quemadmodum mulieri possit restitui : potest autem vel cautionibus interpositis, ut sicut potest vir jure
suo cedat mulieri, fruique eam patiatur; vel, si se accommodavit dominus
proprietatis, volente eo mulieri constituatur ususfructus : nam aut fructum
fundi ille mulieri poterit cedere, aut aliquid videlicet pro eo dare; nam,
fingamus, hoc ipsum mulierem posse proprietatis domino vendere : quo casu
non inique, etiam mulieris herede agente, vir facere cogetur : quippe si
moram non fecisset, pretium fructus mulier heredi suo reliquisset : quod
si facultatem ususfructus vendendi proprietatis domino mulier non habuerit,
patientiam, quam percipiendi fructus præstare ipsi debuit, etiam heredi
ejus præstat. (Loi 57.)

Cum vir per errorem plus promisit quam accepit, aut spe futuræ numerationis instrumento confessus est se accepisse, non tenetur in plus quam
revera accepit.

Maritus qui dotem non accepit non solum se exceptione tueri poterit
cum ab eo petetur; quin etiam, si maritus dotem quam non accepit post
divortium per errorem solvit, repetet, quia non numeratam caverat, exigi
enim ab eo non potuit. (Loi 52.)

Quod si donandi causa, non repetet, si tamen donatio valeret.

§ 2. — *De usuris et fructibus rerum dotalium.*

I. *De usuris.* — Usuræ mulieri tantum solvi debentur, quum res fungibiles in dotem constitutæ sint; tum usuræ veniunt ex mora, si dos actione
rei uxoriæ repetatur, quippe inter bonæ fidei judicia numeratur; quod si
actione ex stipulatu repetatur, quum hæc actio sit stricti juris, non veniunt
usuræ.

II. *De fructibus.* — Interest quo tempore fructus rerum dotalium percepti sint.

Enim vero, si fructus constante matrimonio percepti sint, dotis non sunt.
Si vero ante nuptias percepti fuerint, in dotem convertuntur. Quum fructus,
constante matrimonio percepti, dotis non sint, sequitur quod nec soluto
matrimonio restituuntur : scilicet dotis fructum ad maritum pertinere debere æquitas suggerit. Quum enim ipse onera matrimonii subeat, æquum
est etiam eum fructus percipere. Sed quum fructus rerum dotalium pro

oneribus matrimonii marito tribuantur, hinc fructus extremi anni lucratur
pro rata temporis quo hoc anno stetit matrimonium.

Ad de divisione anni ejus quo divortium factum est, quæritur ex
die matrimonii, an ex die traditi marito fundi maritus sibi computet
tempus?

Et utique in fructibus a viro retinendis, neque dies dotis constitutæ,
neque nuptiarum observabitur; sed quo primum dotale prædium constitu-
tum est, id est, tradita possessione (Dig., lib. 24, tit. 3, loi 5). Tamen si
ante nuptias fundus traditus est, ex die nuptiarum ad eumdem diem se-
quentis anni computandus est annus. Idem in cæteris annis servatur, donec
divortium fiat : nam si ante nuptias traditus sit et fructus inde percepti,
hi restituendi sunt quandoque divortio facto, quasi dotis facti. (Loi 6.)

Quod in anno dicitur, potest dici et in sex mensibus, si bis in anno fructus capientur, ut est in locis irriguis (loi 7, § 6), et in pluribus annis idem
dici potest, ut in sylva cædua. (Loi 7, § 7.)

Antequam autem fructus ita inter virum et uxorem dividantur, impensæ
in eos fructus factæ præcipi debent ab eo conjuge qui eas fecit. (Loi 7,
princip.)

De quibusdam autem rebus hac in re dubitatur an in fructu sint. Si
arbores cæduæ fuerint, vel cremiales, dici oportet in fructu cedere; si
contra non cæduæ, non computantur in fructus. Item, si vir in fundo
mulieris dotali lapidicinas marmoreas invenerit, et fundum fructuosiorem
fecerit, marmor quod cæsum neque exportatum, est mariti et impensa non
est ei præstanda; quia nec in fructu est marmor, nisi tale sit ut lapis
renascatur; si cretifodinæ, vel argentifodinæ, vel auri, vel cujus alterius
materiæ sint, vel arenæ, utique in fructu habentur. (Loi 7, § 12, 13, 14.)

§ 3. — *Qualem diligentiam maritus præstare debeat.*

In rebus dotalibus virum præstare oportet tam dolum quam culpam,
quasi sua causa dotem accepit; sed etiam diligentiam præstabit, quam in
suis rebus exhibet.

Si species in dotem data fuerit, maritus eam tueri debet, sed rei debitæ
interitu liberatur; tamen si post moram res dotales omnino desiit habere,
pariter tenetur, nisi jam fuisset mora purgata (loi 25, § 2). Res autem
fungibiles aut res æstimatæ in dotem datæ mariti periculo sunt, nam
genera non pereunt.

Vir quidem tenetur tam de culpa quam de dolo. Interesse tamen, ait Paulus, an dolus ejus arguatur, an culpa. Quod si dolo malo fecerit quominus restituere possit, damnandus est quanti mulier in litem juraverit, quia invitis nobis res nostras alius retinere non debet. (Loi 25, § 1.)

Uno casu vir culpæ nomine non tenetur : nam si mora per mulierem fuit quominus dotem reciperet, dolum malum duntaxat in ea re, non etiam culpam, maritus præstare debet, ne facto mulieris in perpetuum colere agrum ejus cogatur. (Loi 9.)

Si vir, cum dos a muliere, vel socero, vel extraneo promissa aut dicta fuerit, novationem fecerit per expromissionem, vel delegationem, dos periculo mariti est; sed si ab initio dos per delegationem vel per procurationem in rem suam constituta sit, dotis periculum ad mulierem pertinet; maritus tantum dolum et culpam præstare debet; periculum non.

Nulla culpa viro imputari potest cum is cui dos restituenda est debitor aut debitoris dotis heres exstiterit, aut etiam parens mulieris, quæ non marito reprobare po.... quod ipsius patrem non persecutus fuerit.

CAPUT QUINTUM.

QUATENUS VIR AUT SOCER TENEATUR ET QUÆ RETENTIONES IN JUDICIO VENIANT?

§ 1. — *Quatenus vir socerve teneatur?*

Maritum in id quod facere potest condemnari, exploratum est. Socero quoque cum quo nurus agit, idem honor est, quia parentis locum socer obtinet (loi 12, loi 15, § 2). Rei judicatæ tempus spectatur quatenus maritus facere potest (loi 15, *princip.*). Hoc beneficium qnod marito conceditur, non tale porrigitur quam illud quod donatori; nam maritus facere posse creditur nullo deducto ære alieno (loi 54). Hoc autem beneficium heredi mariti non est præstandum, quia personale est et cum persona extinguitur (lois 12 et 13); tamen filii mulieris qui patri heredes exstiterunt, hoc beneficio gaudent. (Loi 18, *princip.*)

Si filiofamilias dos data est, injussu patris, pater de peculio tenetur, sed quatenus facere potest condemnandus est; intelligitur autem peculio tenus facere posse, quod habet rei judicandæ tempore. Atquin, si cum patre agatur, deducitur ex peculio quod patri, vel subjectis ei personis filius debet; at si cum ipso filio agatur, alterius debiti non fiet detractio in computatione quantum facere possit filius. (Lois 25 et 53.)

§ 2. — *De retentionibus quas vir in reddenda dote facere potest.*

Retentiones ex dote fiunt, aut propter liberos, aut propter mores, aut propter impensas, aut propter res donatas, aut propter res amotas (Ulp., Reg., tit. VI, § 9).

Propter liberos retentio fit si culpa mulieris aut patris cujus in potestate est divortium factum sit; tunc enim singulorum liberorum nomine sextæ retinentur ex dote, non plures tamen quam tres; sextæ in retentione sunt, non in petitione. (*Id.*, § 10.)

Morum nomine graviorum quidem, sexta retinetur; leviorum autem, octava. Graviores mores sunt adulteria tantum, leviores omnes reliqui (*Id.*, § 12). Mariti mores puniuntur in ea quidem dote quæ annua, bima, trima die reddi debet, ita ut propter majores mores præsentem reddat, propter minores senum mensum die. (*Id.*, § 13.)

Marito adhuc competit retentio propter impensas; impensarum species sunt tres; aut enim necessariæ dicuntur, aut utiles, aut voluptuosæ. (*Id.*, § 14.)

Necessariæ ipso jure dotem deminuunt. Quod ita accipiendum est non ut ipsæ res corporaliter minuantur, sed ut dotis fiat deminutio. Quod si has mulier se soluturam negat, per exceptionem doli mali summovenda est. Si contra iis satisfecerit, dos videtur crescere. Si tandem fingas harum solutionem a marito non exactam fuisse, condictioni indebiti locus est. (Loi 5, pr. et § 1, *De imp. in res dotales factis.*) Utiles quidem dotem minuere non videntur, verum tamen habet exactionem. Quod ad voluptuosas attinet, maritus tantum modo tollere potest, dum ita non sit deterior dos. (*Id.*, lois 8 et 9.)

Inter virum et uxorem donatio non valet, nisi certis ex causis, id est, mortis causa, divortii causa, et itaque, si maritus aliquid uxori donaverit, soluto matrimonio, propter res donatas dotem vel partem dotis retinere potest. (Ulp., tit. VII, § 1. Regulæ.)

Denique si maritus mulieris creditor est ex furto, propter res amotas retentionem habet, quoniam inter conjuges non sunt actio furti neque condictio furtiva. (*Id.*, § 2.)

Nec solum viro competunt hæ retentiones, sed etiam heredi mariti; licet in solidum condemnetur, compensationes tamen quæ ad pecuniariam causam respiciunt, proderunt; ut hoc minus sit obligatus, veluti ob res donatas, et amotas, et impensas; morum vero coercitionem non habet. (Dig., lib. 24, tit. 3, loi 15, § 1.)

CAPUT SEXTUM.

DE ACTIONIBUS QUÆ AD DOTIS RESTITUTIONEM COMPETUNT.

§ 1. — *De actione rei uxoriæ.*

Jure Pandectarum, ad restitutionem dotis, actio rei uxoriæ mulieri competit, si de dote reddenda nulla stipulatio interposita fuisset. Hæc actio quædam criteria habet :

1° Actio rei uxoriæ est actio bonæ fidei; in formula, *quidquid æquius melius*, dicebat prætor.

2° Hæc actio mulieri tantum aut parenti qui dotem dederat competit, nunquam extraneo, nec mulieris heredibus, nisi mulier moram fecerit.

3° Huic actioni non est locus, si matrimonium morte mulieris solutum fuisset, nisi dos a patre sit profecta.

4° Maritus cum quo agitur actione rei uxoriæ retentiones habet et dilationes ad genera restituenda.

5° Maritus in id quod facere potest tantum condemnatur.

6° Ex edicto alterutro, mulier non potest *et* dotem repetere *et* una liberalitates mariti conservare.

7° Mulier quæ actione rei uxoriæ utitur habet privilegium inter personales, quo cæteris creditoribus privatis præfertur, quia dotium causa semper et ubique præcipua est.

§ 2. — *De actione ex stipulatu et actione præscriptis verbis.*

Illi, licet extraneo, qui dotem constituit, actio ex stipulatu competit, si dotem sibi reddi stipulatus est; aut postea civilis actio præscriptis verbis, si simplex pactum de dote ipsi reddenda intervenit, cum dotem daret.

1° Actio ex stipulatu est actio stricti juris.

2° Maritus cum quo agitur hac actione neque retentiones, neque dilationes ad restituendam dotem habet.

3° Maritus condemnatur etiam ultra facultates suas.

4° Hæc actio ad heredes mulieris transit.

5° Edictum de alterutro non spectat ad hanc actionem.

6° Mulier habet adhuc privilegium inter personales.

Actio præscriptis verbis in eo tantum actione ex stipulatu differt; quod est actio bonæ fidei.

§ 3. — *De dote prælegata.*

Mulier, cum maritus dotem legavit, per condictionem ex testamento statim dotem repetere potest.

§ 4. — *De condictione ex lege Julia et Papia.*

Deniquæ hæc actio competit mulieri ad restitutionem eorum quæ vir consecutus est ex jure patronatus in servos dotales ab ipso manumissos. Hæc condictio etiam constante matrimonio mulieri competit. (Dig., *Soluto matrimonio*, lois 61, 62, 63, 64, 65.)

SECUNDA PARS.

De mutationibus quas imperator Justinianus de restituenda dote introduxit.

Rei uxoriæ actione sublata, imperator *uxorius* sancit omnes dotes per ex stipulatu actionem exigi, sive scripta fuerit stipulatio, sive non, ut intelligatur reipsa stipulatio esse subsecuta. (Code, lib. V, tit. 13, *lex unica, principium.*)

Huic autem actioni accommodatur natura rei uxoriæ et bonæ fidei beneficium, et omnes quidem eventus quos dos ex stipulatu habet, quoque manent.

Sciendum itaque est edictum prætoris quod de alterutro introductum est, in ex stipulatu actione cessare, ita ut uxor et a marito relicta recipiat, et dotem consequatur, nisi specialiter pro dote ei maritus ea dereliquit. (*Id.*, § 2 et 3.)

Manet ex stipulatu actionis jus ad mulieris successores incorruptum, etiamsi decesserit mulier constante matrimonio. (§ 4 et § 6.)

Taceat in ea actione, inquit Justinianus, retentionum verbositas; tamen impensæ necessariæ dotem ipso jure adhuc minuunt. (§ 5.)

Maritus cum quo actione ex stipulatu agitur tantum in id quod facere potest condemnatur, quia hoc æquissimum est et reverentiæ debitum maritali. (§ 7.)

Omnes autem res dotales, mobiles vel se moventes, vel incorporales intra annum restituere debet; cæteræ scilicet res quæ solo continentur illico sunt restituendæ; fructus rerum immobilium ex tempore soluti matrimonii præstare debet, et usuras æstimationis omnium rerum quæ extra immobiles sint usque ad tertiam partem centesimæ. (§ 7.)

Quoties cumque uxor fuerit emancipata, vel exheredata, vel heres scripta cum aliis heredibus, ei actio ex stipulatu danda est. (§ 11.)

Parens qui dotem constituit non potest agere actione ex stipulatu sine consensu filiæ suæ, et, si decesserit, actio ad filiam, non ad heredes parentis, pertinet. (§ 14.)

Ut plenius dotibus subveniatur, in rebus dotalibus sive mobilibus, sive immobilibus, seu se moventibus, sive æstimatæ, sive inæstimatæ sint, seu ex dotali pecunia comparatæ sunt, mulierem in his vindicandis omnem habere post dissolutum matrimonium prærogativam Justinianus jubet, et neminem creditorum mariti, qui anteriores sunt, posse sibi potiorem causam in his, per hypothecam vindicare, cum eædem res et ab initio uxoris fuerint, et naturaliter in ejus dominio permanserint. (Code, *De jure dotium*, loi 30.)

Ergo, post hanc constitutionem per utramque viam, sive in rem, sive in hypothecariam actionem, plenissime mulieri consulitur.

Postea Justinianus mulieri tribuit in omnibus bonis mariti tacitam hypothecam qualem habet pupillus in bonis tutoris (Code, *De rei uxoriæ*, loi unique, § I.)

Denique, assiduis aditionibus mulierum inquietatus, ut inquit ipse imperator, per quas suas dotes deperditas esse lugebant, illis magnam prærogativam præstat, ut contra omnes pene personales actiones habeant privilegia, et creditores alios mariti etiam hypothecarios antecedant, licet fuerint anteriores. (Code, *Qui potiores in pignore*, lib.8, tit. 18, lex 12.)

DROIT FRANÇAIS.

CODE NAPOLÉON.

De l'acceptation et de la répudiation de la communauté.

(Code Nap., art. 1453-1466; Code de Proc. Civ., art. 174;
Code Nap., art. 1467-1496.)

Introduction.

Le mariage emporte pour l'homme et la femme l'obligation de vivre en commun, *individuam vitæ consuetudinem continet*, comme disait le jurisconsulte romain. Cette vie commune exige que les époux règlent d'une manière ou de l'autre leurs intérêts pécuniaires; de là la nécessité d'un contrat de mariage qui détermine à l'avance la position de chaque époux relativement à ses biens et aux biens apportés par son conjoint : le contrat de mariage, dit M. Troplong, est la charte du foyer domestique. Le législateur français considère cette charte si utile à la sécurité des époux et à une bonne administration de leurs biens, qu'il impose un régime matrimonial aux époux qui n'en ont pas stipulé un d'une manière expresse. Ce régime, c'est la communauté légale dans laquelle entrent en principe les meubles présents et futurs, l'usufruit des propres, les immeubles acquis pendant mariage à titre onéreux; le mari en est le chef et l'administrateur, *cum libera potestate* : il a même des pouvoirs excessifs. « Il peut à son gré, dit Pothier (de la communauté, n° 470), perdre les biens de la communauté sans en être comptable; il peut laisser périr par la prescription les droits qui dépendent de sa communauté, dégrader les héritages, briser les meubles, tuer par brutalité ses chevaux et autres animaux dépendant de la communauté sans être comptable à sa femme de toutes ces choses. »

S'il est vrai de dire que le mari a des pouvoirs excessifs, d'un autre côté la loi a voulu protéger la femme contre la mauvaise administration de son mari et lui a accordé à cette fin de nombreuses garanties, entre autres le droit pour la femme de renoncer à la communauté. C'est ce droit d'acceptation et de répudiation de la communauté qui fera l'objet de notre travail.

PREMIÈRE PARTIE.

Du droit pour la femme d'accepter ou de répudier la communauté.

SECTION I. — *Règles générales sur les acceptations et répudiations de communauté.*

Après la dissolution de la communauté, la femme ou ses héritiers et ayant-cause ont la faculté de l'accepter ou d'y renoncer, art. 1453. Cette faculté exorbitante des règles du droit commun, puisque la femme se trouve ainsi libérée de toutes les dettes sociales, puise sa raison d'être dans l'autorité excessive du mari pendant la communauté; il fallait l'amoindrir par un contre-poids d'une nature toute spéciale. Du reste, ce droit de renoncer présente encore cet avantage, c'est qu'il évite des séparations de biens qui ont toujours un caractère injurieux pour le mari, et peuvent refroidir l'affection mutuelle des époux.

Ce droit fut accordé pour la première fois à l'époque des croisades, du moins suivant Pothier, et il n'existait qu'au profit des veuves *attraites de noble lignée et vivant noblement* (ancienne coutume de Paris, art. 115). En effet, nous dit M. Troplong (*Traité du contrat de mariage*), les guerres d'outre-mer avaient imposé à la noblesse des charges ruineuses, l'obligation de s'entretenir eux et leurs hommes dans des pays lointains, à travers mille vicissitudes périlleuses, des engagements personnels et réels qui en étaient la suite, puis les rançons, de sorte que ces héros de la chevalerie, moissonnés pour la gloire et pour la foi, ne laissaient à leurs veuves que des fortunes obérées; on leur permit alors de renoncer à la communauté. Par la suite, cet usage fut accordé aux veuves des roturiers, qui peuvent aussi être ruinées par leurs maris pour des dettes créées malgré elles. Cette faculté devint donc de droit commun, ce qui prouve, par parenthèse, que la bourgeoisie, qui avait acquis le droit de s'enrichir, usait quelquefois aussi du droit de se ruiner. A cette époque, la veuve qui voulait renoncer à la communauté jetait sur la fosse de son mari ses clefs et sa bourse.

Le législateur de 1804 considère cette faculté qu'a la femme d'accepter ou de répudier comme un élément si essentiel du régime de communauté, que toute convention par laquelle la femme se dépouillerait à l'avance du choix qui lui appartient à cet égard, serait nulle et non avenue. Art. 1453, *in fine*.

Le mari et ses héritiers ne sont en aucun cas admis à renoncer à la communauté; ainsi, le mari institué légataire universel de sa femme ne pourrait pas, pour se soustraire au droit de mutation sur la moitié des biens communs, renoncer à la communauté comme héritier de sa femme, ce droit d'option est incompatible avec sa qualité de mari.

La femme qui a opté dans un sens ne peut plus, en général du moins, revenir au parti contraire; une acceptation rend tout naturellement impossible la renonciation, et réciproquement.

L'acceptation d'une communauté, de même que celle d'une succession, peut être expresse ou tacite, *aut verbis, aut facto.*

Elle a lieu *expressément*, lorsque la femme majeure prend dans un acte soit authentique, soit sous seing privé, la qualité de commune en biens (art. 1455); la femme mineure ne peut seule accepter la communauté, il lui faut l'assistance du curateur et l'avis du conseil de famille, art. 461, 484, C. N. — Elle a lieu *tacitement*, art. 1454, lorsque la femme s'immisce dans les biens de la communauté, c'est-à-dire quand elle accomplit un fait qui prouve qu'elle se regarde comme copropriétaire de ces biens, ce fait étant de telle nature qu'elle n'a pu avoir la pensée de l'accomplir qu'en cette qualité; par suite, les actes purement administratifs ou conservatoires n'emportent point immixtion; l'art. 1454 ne fait que répéter la disposition de l'art. 779 du titre des successions.

La renonciation se fait par une inscription au greffe du tribunal de première instance dans l'arrondissement duquel le mari avait son domicile; cet acte, art. 1457, doit être inscrit sur le registre établi pour recevoir les renonciations à succession. Cette publicité est exigée à l'égard des créanciers ; mais entre la femme ou ses héritiers et le mari ou ses héritiers, cette renonciation peut avoir lieu par toute espèce de convention.

Le principe que la femme ne peut être restituée contre son acceptation ou sa renonciation souffre exception dans trois cas :

Premier cas. — Si l'acceptation ou la renonciation avait été faite par un mineur, ou en son nom, sans l'observation des formalités prescrites pour l'acceptation ou la répudiation d'une succession, ce mineur serait admis à demander la nullité de l'une ou de l'autre, art. 1304.

Deuxième cas, art. 1455. — La femme ou ses héritiers peuvent se faire relever contre l'acceptation ou la renonciation qui n'a eu lieu que par suite du dol des héritiers du mari; le dol est donc ici *in rem* au lieu d'être seulement *in personam*. Mais on se demande en quoi l'acceptation peut être préjudiciable à la femme, puisqu'elle n'est jamais tenue des dettes de communauté qu'*intra vires*, art. 1483; il y a cependant danger pour la femme; en effet, elle a pu ne pas faire inventaire, et, en supposant même qu'elle ait fait inventaire, elle avait peut-être stipulé qu'au cas de renonciation elle reprendrait son apport franc et quitte de toute dette; par son acceptation, elle perd le bénéfice de cette clause et se voit poursuivre même sur son apport.

Troisième cas, art. 1464. — Les créanciers de la femme peuvent attaquer la renonciation, et il faut, par argument du droit romain et de l'ancien droit, ajouter *a fortiori* l'acceptation qui aurait été faite par elle ou par ses héritiers en fraude de leurs créances; c'est là une application de l'art. 1167.

Section II. — *Règles spéciales au cas de dissolution de la communauté
par la mort du mari.*

Lorsque la communauté se dissout par la mort du mari, la veuve est à la tête du patrimoine commun, de là certaines dispositions de rigueur qui ont pour but d'empêcher les détournements de valeurs.

La femme survivante peut fort bien, si elle le veut, répudier la communauté tout de suite après la mort de son mari, et elle n'est pas tenue alors de faire faire un inventaire; il lui suffit d'aller faire sa renonciation au greffe du tribunal. Mais si la veuve n'est pas fixée sur le parti qu'elle prendra, art. 1456, pour conserver la faculté de renoncer à la communauté, elle doit, dans les trois mois du jour du décès de son mari, sauf prorogation possible, faire faire un inventaire fidèle et exact de tous les biens de la communauté, contradictoirement avec les héritiers du mari ou eux dûment appelés; cet inventaire doit être par elle affirmé sincère et véritable, lors de sa clôture, devant l'officier public qui l'a reçu.

A défaut d'inventaire dans le délai fixé par la loi ou prorogé par le juge, la veuve perd son droit d'option et reste commune, art. 1456, 1459; elle est déchue du droit de renoncer.

La veuve qui a fait inventaire doit être assimilée à un héritier. Pendant les trois mois nécessaires pour faire inventaire et les quarante jours pour délibérer, la femme ne peut être actionnée par les créanciers de communauté; elle oppose à leurs poursuites l'exception dilatoire de l'art. 174, Proc. Civile.

Depuis l'expiration des délais ci-dessus indiqués jusqu'à l'expiration de la trentième année depuis le décès du mari, la femme peut être contrainte à prendre parti; et si, sur l'action dirigée contre elle comme commune, elle déclare renoncer, ce qui lui est parfaitement loisible, c'est du moins elle qui paiera les frais de poursuite, art. 1459. Si la veuve fait défaut, elle sera condamnée comme commune, art. 174, Proc. Civile.

Depuis les trente ans à partir du décès du mari, la veuve qui n'a rien dit est définitivement acceptante.

La veuve est déchue de la faculté de renoncer lorsque, avant d'avoir fait sa renonciation, elle a diverti ou recélé les objets de la communauté; ses héritiers sont, en pareil cas, soumis à la même déchéance, art. 1460. Le divertissement commis après une renonciation régulièrement faite constituerait une soustraction de la chose d'autrui, et ne pourrait plus être considéré comme un fait d'immixtion dans la communauté. La déchéance de l'art. 1460 ne s'applique pas, suivant nous, à la femme mineure; car, s'il est vrai de dire qu'elle est obligée par ses délits et par suite tenue de les réparer, art. 1310, il ne l'est pas moins de soutenir qu'elle conserve le droit de renoncer; art. 1453, la femme ne peut ni directement ni indirectement abdiquer son droit de renoncer à la communauté.

Si la veuve meurt avant l'expiration des trois mois sans avoir fait ou terminé l'inventaire, les héritiers auront, pour faire ou pour terminer l'inventaire, un nouveau délai de trois mois à compter du décès de la veuve, et de quarante jours pour délibérer, après la clôture de l'inventaire. Si la veuve meurt ayant terminé l'inventaire, mais avant l'expiration des quarante jours depuis l'achèvement de l'inventaire, ses héritiers auraient pour délibérer un nouveau délai de quarante jours à compter de son décès, art. 1461; comme d'un autre côté ils jouissent d'un délai de trois mois pour faire inventaire de sa succession, ils ne peuvent en définitive être contraints à prendre qualité, quant à la communauté, avant l'expiration des trois mois et quarante jours, à moins qu'ils n'aient, avant la fin du premier de ces délais, accepté l'hérédité, auquel cas le délai de quarante jours commence à courir du jour de leur acceptation.

Les héritiers peuvent au surplus, dit l'art. 1461, renoncer à la communauté dans les formes établies ci-dessus, et les art. 1458 et 1459 leur sont applicables.

La veuve, soit qu'elle accepte, soit qu'elle renonce, par une faveur qu'explique assez sa position pénible et digne d'intérêt, a droit, pendant les trois mois et quarante jours qui lui sont accordés pour faire inventaire et délibérer, de prendre sa nourriture et celle de ses domestiques sur les provisions existantes, et à défaut par emprunt au compte de la masse commune, à la charge d'en user modérément; elle a encore droit pendant ce temps au loyer à la charge de la communauté, art. 1465.

SECTION III. — Règles spéciales au cas de dissolution de la communauté par la séparation de corps ou de biens.

Quand la communauté se dissout par séparation de corps ou de biens, le mari restant provisoirement à la tête des biens communs, il n'y avait pas à craindre des détournements de la part de la femme; aussi la loi n'exige plus la confection d'un inventaire, et laisse la femme libre d'accepter ou de renoncer sans accomplir cette formalité.

D'un autre côté, la séparation de biens faisant présumer que la communauté est mauvaise, la femme qui n'a pas dans les trois mois et quarante jours, à partir de la séparation, accepté la communauté, est *censée* y avoir renoncé, art. 1463, et cette présomption est si forte que, suivant nous, une fois ce délai expiré, la femme est renonçante, et définitivement renonçante. Si la femme séparée vient à mourir avant l'expiration des trois mois et quarante jours, il faut accorder à ses héritiers un délai nouveau et intégral de trois mois et quarante jours à compter de son décès.

Section IV. — *Règles spéciales au cas de la dissolution de la communauté
par la mort de la femme.*

Dans ce cas, art. 1466, C. N., les héritiers de la femme ont trois mois
et quarante jours, pendant lesquels ils peuvent délibérer; ils ne sont pas
tenus de faire inventaire, puisqu'ils n'ont pas en main un seul bien de
communauté, et par suite ne peuvent commettre aucun détournement. Si
les héritiers de la femme ne prennent point parti, ils sont présumés acceptants jusqu'à l'expiration de la trentième année depuis le décès de la
femme; et la preuve, c'est que, art. 1466, ils peuvent renoncer; à partir
de la trentième année, ils sont définitivement acceptants. Il eût mieux
valu, avec Pothier, les déclarer renonçants.

DEUXIÈME PARTIE.

Des effets de l'acceptation de communauté.

Art. 1467 : Après l'acceptation de la communauté par la femme ou ses
héritiers, l'actif se partage, et le passif est supporté de la manière ci-après
déterminée; le passif est supporté et ne se partage pas, c'est que les
créances et les dettes se divisent de plein droit, art. 1220, C. N. De là la
division de notre sujet en deux titres.

TITRE I.

DU PARTAGE DE L'ACTIF.

Nous examinerons successivement les opérations préliminaires au partage, les opérations du partage, les opérations qui interviennent après qu'il
est consommé.

CHAPITRE I.

FORMATION DE LA MASSE PARTAGEABLE.

Pour partager l'actif de la communauté, il faut d'abord faire l'état ou
la masse de tous les biens communs pour les réunir au moins fictivement,

afin d'en connaître l'ensemble et d'en prélever ou distraire ce qui ne lui appartient pas, comme aussi d'y faire rentrer ce qui doit en faire partie et n'existe plus en nature. Pour cela, chaque époux rapporte à la communauté ce qu'il lui doit, et prélève ce dont il en est créancier.

Section I. — *Des créances de la communauté contre les époux.*

Les époux ou leurs héritiers rapportent à la masse des biens existants tout ce dont ils sont débiteurs envers la communauté, art. 1468; ces dettes sont :

1° Ce qui reste dû de la somme que le conjoint a promis d'apporter à la communauté;

2° Les récompenses qui sont dues par chacun des conjoints à la communauté, pour ce qu'il en a tiré pendant la communauté pour ses affaires particulières, d'après les principes établis par l'art. 1437; ainsi, art. 1469 qui n'est qu'une application spéciale du principe général, les sommes qui ont été tirées de la communauté ou la valeur des biens que l'époux y a pris pour doter un enfant d'un autre lit, ou pour doter personnellement l'enfant commun.

Les intérêts de ces récompenses courent même de plein droit au profit de la communauté contre l'époux débiteur, art. 1473; en effet, comment pourrait-on exiger une demande en justice, art. 1153, puisque la communauté n'existe plus et qu'il n'y a plus de chef par qui puisse être dirigée la demande !

Comment s'effectue ce rapport? Deux cas sont possibles.

Premier cas. — Un seul des époux est débiteur vis-à-vis la communauté. — Il existe trois manières d'effectuer le rapport.

Il y a en premier lieu le rapport réel qui sera toujours possible; en second lieu, le rapport en moins prenant; on impute la dette de l'époux sur sa part dans la communauté; ce second moyen ne sera pas possible, si l'actif de la communauté ne se compose que de cette seule créance. Il y a en troisième lieu le procédé du mi-denier; l'époux débiteur verse aux mains de son conjoint la moitié de sa dette, et éteint par confusion la seconde moitié de la dette en lui-même. Ce procédé n'est pas possible si la communauté se trouve débitrice envers un époux d'une somme égale à tout son actif, y compris sa créance contre l'époux débiteur. Ainsi, la communauté doit 100 au mari; elle a en caisse 90 + une créance de 10 contre la femme; par le procédé du mi-denier, la femme ne versera que 5 entre les mains de son mari, celui-ci aura 90 + 5, il se trouvera en déficit de 5; la femme n'ayant droit à rien dans la communauté, ne peut éteindre par compensation ce qu'elle-même lui doit.

Deuxième cas. — Les deux époux sont chacun débiteurs vis-à-vis la communauté. Les récompenses peuvent s'effectuer par voie de compensation; il y a alors libération réciproque des deux époux jusqu'à concurrence de la plus faible somme due par l'un d'eux. Ce mode de procéder, s'il est toujours le plus naturel et le plus facile, ne sera pas toujours le plus avantageux pour le mari, et il pourrait même léser gravement ses intérêts; le mari, dont les biens personnels, en cas d'insuffisance des biens de communauté, répondent des prélèvements de la femme, a intérêt à grossir le plus possible la masse commune; il a donc le droit d'exiger de la femme un rapport réel. Supposons en effet que la communauté contienne 10, que la femme ait à exercer une reprise pour 30, et que chaque époux soit débiteur de 10 vis-à-vis la communauté; si nous appliquons le rapport par compensation, les deux époux sont libérés, la femme créancière de 30 prend les 10 qui sont en caisse; pour le surplus, c'est-à-dire jusqu'à concurrence de 20, elle s'attaque aux biens du mari. Si le mari exige le rapport réel, l'actif se trouve composé de 30, la femme se paiera sur ces 30, et de cette manière le mari n'aura fait qu'un déboursé de 10.

Section II. — Des reprises et prélèvements que les époux ont à exercer
sur la communauté.

L'art. 1470, C. N., range les causes de reprises sous trois chefs différents :

1° Biens personnels des époux qui ne sont point entrés en communauté s'ils existent en nature, ou biens acquis en remploi;

2° Prix des immeubles aliénés pendant la communauté et dont il n'a pas été fait remploi;

3° Indemnités de toute nature dues par la communauté aux époux; car si un époux ne peut pas s'enrichir aux dépens de la communauté, la communauté, de son côté, ne peut pas tirer un lucre personnel au préjudice du patrimoine propre de l'un des époux.

Les causes de reprises indiquées, il nous faut examiner maintenant de

quelle manière elles seront exercercées. Quant aux biens propres existant
en nature, pas de difficulté possible; l'époux à qui ils appartiennent les
reprend. Les autres prélèvements, bien que l'art. 1471 semble restreindre
sa solution aux biens n'existant plus en nature, s'exercent d'abord sur l'argent comptant, ensuite sur le mobilier, et subsidiairement sur les immeubles de la communauté; et cet ordre ne pourrait être interverti que du
consentement des deux époux.

Il faut décider, contrairement au texte de l'art. 1471, que la voie indi-
quée par cet article est applicable aux reprises du mari aussi bien qu'à
celles de la femme. L'art. 1471 est encore inexact à un autre point de vue :
la femme doit avoir le choix des meubles comme elle a celui des
immeubles, et la raison de cette décision découle de l'esprit même du
législateur, qui est toujours parti de ce principe, que les meubles avaient
peu de valeur, *mobilis, ergo vilis*. Le silence du Code sur ce point s'explique parfaitement; on controversait dans notre ancienne jurisprudence le
droit pour la femme de choisir entre les immeubles; le Code n'a jugé utile
que de parler de ce cas, puisque là seulement était la controverse. Du
reste, pour les meubles comme pour les immeubles, la femme n'a pas le
droit de prendre des objets dont la valeur dépasserait de beaucoup le montant de ses récompenses, lorsqu'il en existe d'autres qui ont une valeur à
peu près pareille.

Il existe sur deux points une inégalité entre le mari et la femme, quant
aux reprises qu'ils ont à exercer. Et d'abord, art. 1471, les prélèvements
de la femme s'exercent avant ceux du mari. Cette différence est une juste
compensation des pouvoirs qui ont été attribués au mari pendant la communauté. Il est évident que cette solution n'est applicable qu'aux reprises
véritables dont il est question dans les deux derniers alinéas de l'art. 1470;
car, pour les objets qui ne sont jamais entrés dans la communauté, les
reprises de la femme ne s'exercent pas avant celles du mari, les deux
époux commencent par reprendre ces biens, et c'est seulement après ce
prélèvement effectué que le principe de l'art. 1471 reçoit son application.

En permettant à la femme d'exercer ses reprises avant celles de son
mari, la loi a voulu la favoriser, mais elle n'atteint pas toujours son but :
comme la femme doit prélever ses reprises d'abord sur l'argent comptant
et sur le mobilier, il est possible qu'il ne reste que des immeubles pour
désintéresser le mari; or, il est bien plus avantageux de recevoir en paiement des immeubles que des meubles; aussi des auteurs soutiennent-ils

que la femme peut renoncer au bénéfice de l'art. 1471 et forcer son mari à concourir avec elle.

En second lieu, art. 1472, la femme a un recours subsidiaire sur les biens personnels de son mari, tandis que l'action de celui-ci est restreinte aux biens de la communauté. Cette seconde différence puise sa raison d'être dans le principe de l'art. 1483, d'après lequel la femme acceptante n'est tenue des dettes de la communauté que jusqu'à concurrence de l'actif qu'elle y trouve.

Après avoir vu les causes de reprises et l'ordre dans lequel elles s'exercent, il nous reste à savoir à quel titre se font les reprises. Quant à la cause de reprise fondée sur le 1° de l'art. 1470, elle se fait évidemment à titre de propriétaire; mais *quid* des reprises fondées sur le 2° et le 3° de l'art. 1470?

Le mari agit évidemment à titre de créancier; la femme, quand elle prend en nature les biens du mari, agit incontestablement à titre de créancière; mais si elle prend en nature des biens de communauté, en est-il de même? Cette difficulté, qui n'en est plus une, du moins en partie, depuis un arrêt de la Cour suprême, se dédouble en deux questions.

Première question. — Sur les meubles communs, la femme prime-t-elle les créanciers communs?

Si la femme s'est payée de ses reprises, pas de difficulté; les créanciers ne peuvent lui faire rapporter ce qu'elle a reçu, *suum recepit* : c'était à eux à être vigilants. (*Sic*, Pothier, n° 747, de la communauté). Mais si ce droit aux reprises n'a pas encore été exercé par la femme, peut-elle, sous un prétexte quelconque, se payer par préférence aux créanciers de communauté?

La jurisprudence, et avec elle M. Troplong, a longtemps tenu pour l'affirmative, en se fondant sur ce que la femme agissait à titre de propriétaire, ou tout au moins jouissait d'un privilége en vertu duquel elle devait être préférée aux créanciers communs. Ce système argumentait du mot *prélèvement*. Qu'est-ce qu'un prélèvement, si ce n'est l'acte d'un propriétaire qui reprend sa chose et la distrait de la masse à partager. Puis ce mot, disait-on, est employé dans ce sens pour les reprises de l'art. 1470 [1°]; or, il est impossible que le même mot ait deux sens différents dans le même article. Ce mot *prélèvement* n'a pas et ne peut avoir la signification qu'on a bien voulu lui donner, et la meilleure preuve, c'est que, de l'avis de tout le monde, le mari agit à titre de créancier, et cependant il prélève, art. 1472;

la femme qui prend des biens du mari agit comme créancière, et cependant elle prélève, art. 1472. D'ailleurs, l'art. 1470[3°] dit en propres termes que la femme reprend les indemnités qui lui sont *dues;* elle n'est donc que créancière. Oui, dit alors M. Troplong; mais la femme a le privilége de n'être tenue des dettes de la communauté que jusqu'à concurrence de son émolument. Les reprises de la femme ne constituent pas une portion de son émolument, et comme les biens qui les composent sont mis par la loi sur la même ligne que les autres biens appartenant à la femme, elle doit tous les conserver intacts. Cet argument, qui paraît formidable au premier abord, abuse de l'art. 1483; on n'a voulu donner à la femme qu'une arme défensive et non une arme offensive; puis, l'héritier bénéficiaire qui jouit de l'art. 1483 ne peut, lorsqu'il a des créances contre la succession, venir que par contribution avec les autres créanciers,

Nous ne croyons pas utile d'insister davantage sur ce système, puisque la Cour de Cassation elle-même, dans un arrêt rendu en Chambres réunies, le 16 janvier 1858, est revenue sur sa solution, et a décidé, avec la majorité des auteurs, que la femme n'était que créancière, et dès lors venait en concours avec les créanciers communs.

Il nous reste cependant à expliquer d'où vient pour les époux ce droit de prendre des objets en nature, alors que des créanciers ordinaires doivent saisir les biens de leur débiteur, les faire vendre et se payer sur le prix d'adjudication. La loi a édicté une disposition anormale en faveur des époux pour rendre la liquidation plus facile, plus économique et plus prompte que celle à laquelle ils eussent été le plus souvent obligés de recourir si le droit commun eût été appliqué à leurs rapports. Cette solution se justifie encore par une véritable dation en paiement; cette théorie s'appuie sur l'art. 829; cet article décide en effet que chaque cohéritier rapportera soit en nature, soit en moins prenant, les sommes dont il était débiteur envers la succession; ainsi, le rapport en moins prenant est permis, et même ce sera la voie qui sera le plus souvent employée. De là on peut conclure que si au lieu d'être débiteur le cohéritier était créancier, il pourrait prélever des objets en nature pour se remplir de sa créance. Cette décision, qui est une conséquence nécessaire de la précédente, doit être étendue par analogie à tous les cas où l'un des copropriétaires d'une masse indivise est créancier de cette masse. L'art. 1473 confirme cette solution, puisqu'il oppose les reprises de la femme contre la communauté aux créances qu'elle a contre son mari.

A ce système presque universellement enseigné, M. Marcadé fait une grave objection; la femme acceptante devient débitrice pour moitié des créances de communauté; elle ne peut donc même pas concourir avec les créanciers de communauté vis-à-vis de qui elle est garante; elle ne vient sur les biens de communauté qu'après désintéressement complet des créanciers communs.

Cette objection se heurte à l'art. 1483, qui déclare expressément que la femme n'est tenue des dettes de la communauté que jusqu'à concurrence de son émolument; or, ce que la femme prend à titre de reprise n'est pas un émolument pour elle, elle ne fait que recouvrer ce qui lui est dû. Puis ce système crée un privilége au profit des créanciers de communauté à l'encontre des créanciers personnels de la femme.

De ce principe, et il nous paraît désormais incontestable que la femme n'agit que comme créancière en reprises, plusieurs conséquences peuvent se déduire :

1° La femme qui prend en nature des biens de communauté accepte une *datio in solutum*; cette *datio* ne peut lui être imposée; étant créancière, elle peut exiger de l'argent, et dès lors faire vendre les biens pour se payer sur le prix.

2° L'action en reprises, ou récompenses, ou indemnités dues à l'un ou à l'autre des époux est essentiellement mobilière et ne revêt point rétroactivement un caractère immobilier, à raison de la circonstance que des immeubles auraient été cédés à l'époux créancier en paiement de ses reprises, ou qu'il se serait fait attribuer des biens de cette nature par voie de prélèvement.

3° Puisque l'attribution à l'époux créancier de biens meubles ou immeubles de la communauté constitue légalement un prélèvement de partage, il n'y a pas dans ce cas acquisition de propriété, et par conséquent il n'est pas dû de droit de mutation, la transcription n'est pas nécessaire. Il en est autrement lorsque la femme, en cas d'insuffisance des biens communs, agit contre le mari, et que celui-ci se libère envers elle par l'abandon de biens meubles ou immeubles en nature; il s'agit alors pour la femme de biens qui lui étaient étrangers; il y a par conséquent acquisition de ces biens, donc transcription nécessaire, et le droit de mutation est dû.

Deuxième question. — Sur les immeubles communs, la femme a-t-elle une hypothèque pour la garantie de ses reprises?

Art. 2121 : la femme a incontestablement une hypothèque légale sur les immeubles du mari. Mais sur les immeubles de communauté? Il existe sur ce point une assez vive controverse ; nous croyons que la femme acceptante ne jouit pas de cette hypothèque. Si l'on reconnaissait à la femme le droit de poursuivre les tiers détenteurs de conquêts ou de primer les créanciers qui ont reçu hypothèque du mari, ce serait enlever tout crédit à la communauté et ce serait inconciliable avec le pouvoir qu'a le mari, en vertu même de la loi, d'aliéner et d'hypothéquer les immeubles communs. Dès que la femme accepte la communauté, elle ratifie les actes faits par le mari en tant que chef de communauté, et est obligée de respecter tout ce qu'il a fait dans la limite de ses pouvoirs; et bien qu'autorisée à préveler les conquêts, elle ne peut cependant les prendre qu'avec les charges dont il les a valablement grevés. La femme, suivant nous, n'a donc pas plus d'hypothèque sur les immeubles communs qu'elle n'a privilége sur les meubles communs.

CHAPITRE II.

DU PARTAGE ET DE SES EFFETS.

Après que les époux ont rapporté à la communauté ce dont ils étaient débiteurs, qu'ils ont effectué leurs prélèvements sur la masse, les biens qui restent, et qui forment la véritable masse à partager, se divisent par moitié entre le mari et la femme ou ceux qui les représentent, quelle que soit la différence des apports de chacun d'eux, art. 1474.

A ce principe général, que la masse des biens se divise par moitié, il existe trois dérogations :

Première. — Dans le contrat de mariage, les époux peuvent déroger au partage établi par la loi, soit en ne donnant à l'époux survivant ou à ses héritiers dans la communauté qu'une part moindre que la moitié, soit en ne lui donnant qu'une somme fixe pour tout droit de communauté, soit en stipulant que la communauté entière, en certains cas, appartiendra à l'époux survivant ou à l'un d'eux seulement. Ces conventions sont parfaitement licites, art. 1520, et sont la loi des parties, art. 1134.

Deuxième, art. 1477. — Celui des époux qui aurait diverti ou recélé quelques effets de la communauté est privé de sa portion dans lesdits effets, non-seulement en qualité de commun en biens, mais à tout autre titre, par exemple comme donataire ou légataire de son conjoint; la disposition de cet article s'applique même à l'égard de l'époux mineur, à la différence de l'art. 1460, suivant nous : et la raison de distinguer, c'est que l'article 1477 édicte une pénalité même du fait que l'époux encourt par cela seul qu'il agit avec discernement, art. 1310, tandis que la déchéance de la faculté de renoncer prononcée par l'art. 1460 est moins une conséquence du recel que de l'acceptation tacite résultant de tout fait d'immixtion.

Il y a lieu à l'application de l'art. 1477, que le divertissement ait été commis avant ou après l'inventaire. Si l'époux auteur du recel a rapporté spontanément et avant toute poursuite l'objet diverti, il n'est pas soumis à la sanction de l'art 1477; *inter conjuges non sunt res amare tractandæ.*

Troisième, art. 1475. — Cet article suppose la communauté dissoute par la mort de la femme et celle-ci laissant plusieurs héritiers, disons deux pour ne pas compliquer, Primus et Secundus, qui ne sont pas d'accord sur le point de savoir s'ils doivent ou non accepter la communauté. Que faire?

Pothier (n°ˢ 57 et suiv., de la Communauté) établit que le droit de la femme à la moitié de la communauté est un droit divisible, puisqu'il a pour objet quelque chose de divisible; de là, dit-il, il suit que, la femme laissant plusieurs héritiers, ce droit qu'a la femme d'avoir moitié dans les biens de la communauté se divise de plein droit, de même que tous les autres droits divisibles de la succession entre ses héritiers, lesquels y succèdent chacun pour sa part héréditaire. Primus peut accepter la communauté et Secundus y renoncer; la part de Secundus, suivant Pothier et contrairement à l'opinion de Lebrun, doit demeurer au mari *jure non decrescendi,* par la même raison que la part de la femme serait demeurée en entier au mari si la femme ou tous les héritiers de la femme avaient renoncé à la communauté. Le Code, art. 1475, a adopté complètement l'opinion de Pothier. Primus, qui accepte, exercera pour moitié les droits de la femme acceptante; Secundus, qui renonce, exercera pour moitié les droits de la femme renonçante. Si la femme avait, dans le contrat de mariage, stipulé qu'en cas de renonciation le mari lui paierait la somme de 10,000 fr., l'héritier qui renonce pourra réclamer au mari 5,000 fr.

L'art. 1475 soulève une difficulté, qui vient de ce que dans une situation analogue le Code, art. 782, donne une solution contraire. Voici l'espèce de ce dernier article : Primus, appelé à une succession, meurt sans l'avoir acceptée, ni répudiée, et laisse deux héritiers; ceux-ci, après avoir accepté la succession de Primus, délibèrent s'ils accepteront ou répudieront celle qui s'était ouverte à son profit. L'un veut accepter, l'autre renoncer; ils ne le peuvent pas; ils doivent s'entendre, et l'accepter ou la

répudier pour le tout; sinon, elle est de plein droit acceptée sous bénéfice d'inventaire. Les héritiers de la femme peuvent, au contraire, prendre
relativement à la communauté chacun le parti qui lui convient : y a-t-il
contradiction?

Des auteurs, MM. Mourlon, Rodière et Pont, soutiennent que non : en
effet, disent-ils, les deux espèces ne sont pas les mêmes; dans l'une,
art. 782, le droit d'accepter ou de répudier est né sur la tête de Primus
d'une manière indivisible; Primus n'eût pas pu à la fois accepter et renoncer. Ce droit, indivisible sur la tête de Primus, passe à ses héritiers avec
cette même qualité d'indivisibilité; dans l'art. 1475, au contraire, le droit
d'opter est né directement sur la tête des héritiers, il n'est donc pas éton-
nant que l'un puisse accepter et l'autre répudier. Partant de cette idée,
ces auteurs décident qu'au cas de dissolution de la communauté par une
autre cause que par le prédécès de la femme, et celle-ci décédée sans l'a-
voir acceptée ou répudiée, l'art. 1475 n'est plus applicable, mais bien l'article 782 par analogie.

Je crois avec M. Marcadé qu'il est plus juridique d'admettre la solution contraire, autrement dit d'appliquer toujours l'art. 1475. L'art. 782
est du reste un mauvais article, qui donne matière à la fraude, et qui par
suite doit être restreint autant que possible; puis, ce droit d'option n'est-
il pas parfaitement divisible? Sans doute la femme ne pouvait pas l'exercer
divisément, car une même personne ne peut pas être en même temps
acceptante et renonçante; ce n'est pas là le caractère distinctif d'un droit
indivisible. Avec ce système, tous les droits seraient indivisibles; car,
d'après l'art. 1220, le droit de créance le plus divisible s'exerce toujours,
en tant qu'il repose sur un objet unique, comme s'il était indivisible. Un
droit est divisible ou non selon que son objet est ou n'est pas divisible,
art. 1217; or, le droit d'option est un droit parfaitement divisible, puisqu'il repose sur la communauté, objet très-divisible; la meilleure preuve
que l'on en puisse donner, c'est l'art. 1475 lui-même.

Maintenant, si la loi ne prévoit que le cas de la survivance du mari, ce
n'est pas à dire pour cela qu'elle soit exclusive des autres manières dont
peut se dissoudre la communauté.

Le partage de la communauté est soumis aux mêmes formes que le partage de succession, et il produit les mêmes effets, art. 1476.

Nous signalerons seulement les principales de ces règles. Ainsi, entre
majeurs, liberté complète; ils peuvent partager les biens comme bon leur

semble; lorsqu'il y a des mineurs, au contraire, le partage doit se faire en justice, et si une licitation est nécessaire, les étrangers devront y être admis. Ainsi, la licitation est un partage si c'est un des héritiers qui se rend adjudicaire, et une vente si c'est un étranger. Les époux se doivent garantie. Il y a rescision possible au cas de lésion de plus du quart; si un des époux est créancier d'une soulte, il aura un privilége frappant les biens tombés au lot de l'autre époux.

Le partage est-il déclaratif? Évidemment oui; par suite, celui au lot duquel un bien tombe est considéré comme ayant été *ab initio* l'unique propriétaire du bien; mais quel est cet *initium*? En principe, la rétroactivité établie par l'art. 883 remonte au jour même où les objets compris au lot de chaque copartageant sont entrés dans la communauté, car c'est à ce moment que l'indivision a commencé, à moins que l'on admette que les biens appartiennent au mari ou à la communauté, considérée comme une personne morale. Mais l'effet de cette rétroactivité, quant à l'intervalle de temps qui s'est écoulé jusqu'à la dissolution de la communauté, est nécessairement restreint par les pouvoirs d'administration et de disposition qui appartiennent au mari sur les biens communs.

L'effet du partage ne s'applique pas évidemment aux créances, car les créances se divisent de plein droit, *nomina ercta sunto*.

Il ne faut pas appliquer au partage de communauté les diverses règles du partage de succession auxquelles l'art. 1476 ne se réfère pas; ainsi, la disposition de l'art. 841 ne peut être étendue à la cession faite par l'un des conjoints de sa part indivise dans la communauté, et il ne faut pas non plus permettre aux créanciers de la communauté, par analogie de l'article 878, de demander la séparation des patrimoines. Dans ces deux cas, il ne s'agit plus ni des formes ni des effets du partage.

CHAPITRE III.

DES CRÉANCES D'UN ÉPOUX CONTRE L'AUTRE.

C'est à tort que les art. 1478 et suiv. ont été placés dans notre section du partage de la communauté après acceptation, puisqu'ils reçoivent aussi bien leur application au cas de renonciation.

Art. 1478 : Après le partage consommé, si l'un des deux époux est créancier personnel de l'autre, comme lorsque le prix de son bien a été employé à payer une dette personnelle de l'autre époux, ou pour toute autre cause, il exerce sa créance sur la part qui est échue à celui-ci dans la communauté et sur ses biens personnels. Cet article se justifie par ce principe, qu'un patrimoine ne peut pas s'enrichir aux dépens de l'autre.

Ces créances ne produisent pas intérêt de plein droit, art. 1479, parce qu'ici la dette n'est pas celle d'une masse de biens qui n'a plus d'administrateur, mais celle du conjoint contre qui il est facile de former la demande, en sorte qu'il n'y a plus de motif pour s'écarter du principe général de l'art. 1153.

L'art. 1480 n'est qu'une application de l'art. 1478; les donations que l'un des époux a pu faire à l'autre ne s'exécutent que sur la part du donateur dans la communauté et sur ses biens personnels.

Art. 1481 : Le deuil de la femme est aux frais des héritiers du mari prédécédé. La valeur de ce deuil est réglée suivant la fortune du mari et la condition des époux. Il est dû même à la femme qui renonce à la communauté.

TITRE II.

DU PASSIF DE LA COMMUNAUTÉ ET DE LA CONTRIBUTION AUX DETTES.

L'actif étant partagé entre les époux, il s'ensuit naturellement que les époux doivent par corrélation supporter le passif. Mais les règles relatives à la manière dont les époux sont tenus du paiement des dettes communes varient selon qu'on envisage leur position à l'égard des créanciers, ou que l'on considère la position de l'un des époux à l'égard de l'autre; autrement dit, il faut profondément distinguer le droit de poursuite et la question de contribution; le droit de poursuite ne fait que régler les rapports des époux vis-à-vis les créanciers, il détermine l'obligation aux dettes qui incombe à chaque époux; la question de contribution s'occupe au contraire des relations des époux entre eux; l'obligation aux dettes peut être plus forte que la contribution; pour me servir d'une expression heureuse, le droit de poursuite, c'est une question d'*extérieur*; la contribution, c'est une affaire d'*intérieur, une affaire de ménage*. Nous allons étudier le passif de la communauté à ces deux points de vue.

CHAPITRE I.

DROIT DE POURSUITE.

Principe. — Pour savoir qui peut être poursuivi, il faut rechercher qui a contracté, qui s'est obligé, qui a traité avec le créancier. Pour faciliter cette étude, nous nous occuperons séparément du mari et de la femme.

I. — Du mari.

Toutes les difficultés peuvent se résumer en trois règles.

Première règle. — Art. 1489, le mari est-il détenteur d'un bien hypothéqué ou la dette est-elle indivisible, il peut être poursuivi pour le tout; ce n'est là que l'application du droit commun, qui par suite ne demande aucun développement.

Deuxième règle. — Le mari peut-il être poursuivi comme débiteur originaire, il peut être poursuivi pour le tout, art. 1484. On doit, dans le sens de l'art. 1484, considérer comme des dettes contractées par le mari, non-seulement ses dettes antérieures au mariage, celles qui grevaient les successions à lui échues ou les donations à lui faites durant la communauté, et celles procédant soit d'engagements qu'il a pris seul ou solidairement, ou même conjointement avec sa femme, soit de délits ou quasi-délits par lui commis, mais encore les dettes que pendant le mariage la femme a contractées avec son autorisation, et même celles qu'elle a contractées avec la simple autorisation de justice dans les hypothèses prévues par l'art. 1427; c'est que dans tous ces cas le mari se trouve personnellement obligé, soit parce qu'il s'agit de dettes contractées par lui-même, soit parce qu'il a autorisé et que son autorisation l'oblige.

Troisième règle. — Le mari ne peut-il être poursuivi qu'en tant qu'époux commun, en tant qu'associé il ne peut être poursuivi que pour moitié, art. 1485; il n'est tenu que pour moitié des dettes personnelles à la femme et qui étaient tombées à la charge de la communauté. Mais que faut-il entendre par ces expressions, dettes personnelles de la femme? Il faut sans aucun doute comprendre sous ces expressions les dettes de la femme antérieures au mariage, les dettes qui grevaient les successions ou les donations mobilières qui lui sont échues ou qui lui ont été faites durant la communauté, encore que le mari ait autorisé l'acceptation de ces successions ou donations; c'est que cette acceptation constitue de la part de la femme un acte tout personnel dans lequel, quoique autorisée par son mari, elle ne saurait être réputée avoir agi pour l'intérêt particulier de ce dernier.

Du reste, le mari est tenu pour moitié des dettes de la femme, quand même elles ne seraient tombées dans la communauté qu'à charge de récompense.

II. — De la femme.

Les trois mêmes règles se retrouvent ici.

Première règle. — La femme peut-elle être poursuivie comme détenant un immeuble hypothéqué ou parce que la dette est indivisible, elle peut l'être pour le tout, art. 1489.

Deuxième règle. — La femme peut-elle être actionnée comme débitrice originaire, elle est poursuivie pour le tout, art. 1486. Ainsi, elle est poursuivie pour le tout par ses créanciers à raison de ses dettes mobilières antérieures au mariage, de ses dettes mobilières ou immobilières dont se trouvaient grevées les successions ou donations mobilières qui lui sont échues durant la communauté, à raison des dettes contractées avec l'autorisation du mari, quoique dans l'intérêt de la communauté, et de celles contractées avec l'autorisation de la justice dans les hypothèses exceptionnelles prévues par l'art. 1427, et enfin pour toutes les dettes qu'elle a contractées solidairement avec son mari, quoique dans l'intérêt de la communauté, art. 1487. — En effet, de toutes ces dettes la femme est débitrice personnelle, et quand les créanciers n'invoquent pas contre elle son titre de commune, il est de toute évidence qu'elle ne peut pas leur dire que c'est pour moitié seulement qu'elle représente la communauté; *nemo propriam personam exuere potest.*

Troisième règle. — La femme ne peut être poursuivie que pour moitié si elle n'est actionnée que comme femme commune, art. 1487; mais si elle a payé une dette de la communauté au-delà de sa moitié, elle n'a point de répétition contre le créancier pour l'excédant, à moins que la quittance n'exprime que ce qu'elle a payé était pour sa moitié, art. 1488, Code Nap.

Il faut entendre par dettes de communauté, non-seulement toutes les dettes tombées dans le passif définitif de la communauté, mais encore les dettes tombées dans le passif provisoire, ainsi :

1° Les dettes du mari contractées avant mariage;

2° Les dettes de successions échues au mari pendant mariage;

3° Les dettes du mari contractées pendant mariage, même les dettes nées *ex delicto*, ou les dettes grevant des successions immobilières échues au mari; comme, une fois le mariage dissous, le mari ne peut plus engager la communauté, la femme, pour que ces dettes l'obligent, a le droit d'exiger la date certaine.

Cette troisième règle est modifiée par le bénéfice d'inventaire de l'article 1483. La femme n'est jamais tenue des dettes de communauté qu'*intra vires*. Le bénéfice d'inventaire fera l'objet d'un chapitre spécial.

CHAPITRE II,

QUESTION DE CONTRIBUTION.

La contribution, comme nous l'avons dit, ce sont les rapports des époux entre eux.

Dans quelle mesure chaque époux contribue-t-il aux dettes? Il faut voir qui profite de l'obligation.

Si la dette a été contractée dans l'intérêt du patrimoine propre d'un époux, l'époux débiteur restera chargé de cette dette, et pour le tout; ce n'est pas là positivement une question de contribution : c'est une solution tendant à dire qu'il n'y a pas lieu à établir la contribution.

La dette est une dette commune; tombée dans le passif définitif de la communauté, qui la supportera? Toute stipulation à cet égard est possible; art. 1490, les époux peuvent fixer la quotité de dettes que chacun d'eux devra payer. A défaut de toute convention, la loi, art. 1482, détermine elle-même la part contributive de chaque époux : chacun des époux doit contribuer pour moitié au paiement de toutes les dettes communes, de celles même dont l'un d'eux serait tenu pour la totalité envers les créanciers. Sont compris dans le passif de la communauté tout ce qui est dû au jour de sa dissolution, et aussi les frais de scellés, d'inventaire et tous autres qui se font après cette dissolution, pour tous les actes qui préparent, accompagnent ou consomment le partage.

Toutes les fois que l'un des copartageants a payé des dettes de la communauté au-delà de la portion dont il était tenu, il y a lieu à un recours de celui qui a trop payé contre l'autre, art. 1490[2°].

Vis-à-vis de son mari comme vis-à-vis des créanciers, la femme n'est tenue de contribuer au paiement des dettes communes que jusqu'à concurrence de son émolument, art. 1483.

Art. 1491 : Toutes les règles expliquées à propos du mari ou de la femme reçoivent leur application à l'égard des héritiers de l'un ou de l'autre, et ces héritiers exercent les mêmes droits et sont soumis aux mêmes actions que le conjoint qu'ils représentent.

CHAPITRE III.

DU BÉNÉFICE D'INVENTAIRE QU'A LA FEMME, ART. 1483.

La femme n'est tenue des dettes de la communauté, soit à l'égard du mari, soit à l'égard des créanciers, que jusqu'à concurrence de son émolument, pourvu qu'il y ait eu bon et fidèle inventaire, et en rendant compte tant du contenu de cet inventaire que de ce qui lui est échu par le partage.

Il en résulte qu'à l'exception des dettes personnelles de la femme, ou qui proviennent de son chef, elle n'est pas tenue personnellement des dettes de la communauté, quelles qu'elles soient, mais seulement en qualité de détentrice des biens qui en dépendaient, qu'elle a reçus en partage.

Dumoulin justifie ainsi ce bénéfice : c'est un moyen, dit-il, *ne liceat marito onerare propria uxoris.* Ce privilége, introduit d'abord par la jurisprudence des arrêts, fut enfin confirmé, lors de la réformation de l'ancienne coutume de Paris, par un nouvel article qu'on y ajouta, l'art. 228; et le texte de la coutume de Paris reproduit l'idée de Dumoulin : « Le mari, dit-elle, n'a de puissance que sur les biens de la communauté, dont il est le maître, et il n'en a aucune sur ceux de sa femme sans son consentement; si la femme, en acceptant la communauté, était tenue indéfiniment et personnellement des dettes, le mari pourrait indirectement obliger les propres de la femme, en contractant des dettes supérieures aux biens de la communauté. » On répond à ceci que la femme doit faire un inventaire et renoncer si la communauté est mauvaise; mais la femme peut avoir été induite en erreur par un inventaire, après lequel il s'est découvert des dettes qu'on ne connaissait pas. Le seul remède en faveur de la femme était de la déclarer tenue seulement jusqu'à concurrence de son émolument.

A quelles conditions la femme peut-elle user du bénéfice d'inventaire? Il faut : 1° un inventaire, et cet inventaire doit être fait dans les trois mois. L'art. 1483 ne fixe pas, il est vrai, de délai, mais le législateur n'a pu avoir l'intention de s'en remettre au bon plaisir de la femme; il faut donc s'en référer aux art. 1456 et autres analogues, et appliquer ici le délai général des inventaires, c'est-à-dire trois mois. Les héritiers de la femme, comme la femme elle-même, doivent avoir fait inventaire. — 2° Cet inventaire doit être fidèle, et dès lors il ne doit y avoir ni détournement ni recel. — 3° La femme doit rendre compte tant des biens compris dans cet inventaire que de ceux qui lui sont échus par le partage sans être inventoriés, par exemple à raison de leur nature immobilière ou par suite d'une omission involontaire. A l'égard du mari, un acte de partage régulièrement fait avec le mari ou ses héritiers peut remplacer l'inventaire.

A défaut d'inventaire (ou de cet acte de partage), la femme est déchue de son bénéfice, vis-à-vis le mari, aussi bien quant au mari et pour la contribution, que quant aux créanciers et pour le droit de poursuite. La déchéance du bénéfice soumet la femme non pas à la totalité des dettes, mais seulement à la moitié. La femme, en principe, est tenue pour moitié; le bénéfice dont il s'agit a pour effet de faire diminuer sa part; le bénéfice cessant, elle rentre sous le principe et doit moitié, quoique cette moitié dépasse sa part d'actif, mais elle ne peut pas devoir au-delà.

Ce bénéfice de l'art. 1483, comme nous l'avons déjà dit, existe pour la femme et vis-à-vis du mari ou de ses héritiers pour la contribution aux dettes, et vis-à-vis des créanciers de communauté au point de vue du droit de poursuite; seulement il existe cette différence, que le bénéfice est opposable au mari pour toutes les dettes tombées à la charge de la communauté, tandis qu'il ne peut être opposé aux créanciers que pour celles dont la femme n'est tenue qu'en sa qualité de commune, c'est-à-dire pour toutes les dettes nées du chef du mari. La femme ne peut jamais invoquer l'art. 1483 vis-à-vis des créanciers avec qui elle a traité personnellement; cependant, il arrive ceci de curieux, c'est qu'elle pourra l'invoquer indirectement. Supposons, en effet, une dette de 20,000 fr. formant tout le passif de la communauté, et l'actif composé de 12,000 fr. seulement; la femme en a la moitié, c'est-à-dire 6,000 fr., et elle n'a aucun bien propre. Le créancier a le droit d'exiger 10,000 fr. du mari; quant aux autres 10,000 fr., il les réclamera à la femme, qui ne pourra pas évidemment lui opposer le bénéfice d'inventaire pour n'être poursuivie que pour 6,000 fr.;

mais ce bénéfice, que la femme ne peut opposer au créancier, elle peut parfaitement l'invoquer contre son mari pour toute dette tombée en communauté; elle a donc le droit d'agir contre le mari pour qu'il vienne la délivrer des poursuites, en payant lui-même les 4,000 fr. qui excèdent son émolument. La femme ayant ce droit, le créancier peut l'exercer en vertu de l'art. 1166, et par suite réclamer l'excédant au mari.

La femme, disons-nous, n'est tenue que jusqu'à concurrence de son émolument; mais que faut-il entendre par *émolument*? Par là, nous entendons non pas seulement la part active de la femme dans la communauté, mais encore les avantages préciputaires, la libération des sommes qu'elle pouvait devoir à la communauté et qui auraient été précomptées sur sa part, les fruits perçus depuis la dissolution de la communauté; tout ceci, c'est ce que la femme amende de la communauté. D'un autre côté, il ne faut pas comprendre dans l'émolument les sommes ou objets qu'elle a prélevés en acquit des indemnités que la communauté lui devait, puisque ce n'est là que la reprise de ce qui lui appartient, et non un avantage que la communauté lui procure.

En vertu du bénéfice dont il s'agit, la femme qui a, forcément ou volontairement, payé une dette commune au-delà de son émolument, a pour l'excédant un recours en indemnité contre son mari, art. 1490 2°.

Le bénéfice d'inventaire accordé à la femme ressemble assez à celui des héritiers en cas de succession; il en diffère cependant d'une mànière remarquable et au point de vue de la forme, et surtout au point de vue du fond.

I. Au point de vue de la forme : le bénéfice de l'héritier ne résulte que d'une déclaration au greffe, tandis que celui de la femme existe de plein droit, art. 1483.

II. Au point de vue du fond : — *Principe.* — Le bénéfice de la femme, à la différence de celui de l'héritier, n'empêche pas la confusion des biens communs avec les biens propres de la femme.

De là de graves et nombreuses conséquences :

Première. — La femme peut fort bien, comme il lui plaît et sans formalités, aliéner même les immeubles, sans être déchue de son bénéfice, tandis que l'héritier bénéficiaire ne le peut jamais, art. 805, 806.

Deuxième. — L'héritier bénéficiaire ne répond pas sur ses biens personnels des dettes de la succession; la femme, au contraire, peut, dans la mesure de son émolument, être poursuivie sur la totalité de ses biens.

Troisième. — L'héritier n'étant pas tenu sur ses biens personnels des dettes de la succession et n'étant considéré, à l'égard des créanciers, que comme un simple administrateur, la loi lui a accordé la faculté de se dégager de toute obligation envers ces derniers, en leur abandonnant les biens de la succession. Cette faculté ne peut appartenir à la femme qui a accepté la communauté, puisque, par suite de l'acceptation qu'elle en a faite, elle est tenue personnellement sur ses biens propres de la moitié des dettes communes, et que sa part dans la communauté se trouve entièrement confondue avec le surplus de son patrimoine.

Quatrième. — Lorsque le *de cujus* a vendu de son vivant l'immeuble de son héritier présomptif Primus, Primus, s'il accepte bénéficiairement, peut parfaitement revendiquer contre le tiers acheteur ; si le mari a vendu de son vivant un bien propre de la femme, la femme qui accepte la communauté ne pourra pas revendiquer contre le tiers acheteur, au moins pour moitié ; et des auteurs, partant de cette idée que l'obligation de garantie est indivisible, soutiennent qu'elle ne pourra pas revendiquer du tout.

TROISIÈME PARTIE.

Des effets de la renonciation de communauté,

Nous avons vu que la femme pouvait renoncer à la communauté, nous avons traité de la manière dont elle devait être faite et des conditions qui y sont relatives ; il nous reste à examiner quels en sont les effets.

La renonciation rend la femme complètement étrangère à la communauté, art. 1492 ; la femme abdique tout droit sur les biens de la communauté ; le mari est seul propriétaire, seul créancier, seul débiteur : il n'y a donc pas de partage à faire. Il ne reste qu'à procéder à la liquidation des droits et obligations de la femme, art. 1492.

Section I. — *Des droits de la femme renonçante.*

La femme renonçante ne peut reprendre ses biens tombés dans la communauté sans récompense ; cependant, art. 1492, elle retire les linges et hardes à son usage. Le Code a pris le milieu entre certaines coutumes qui refusaient tout à de pauvres veuves ruinées par les folles dépenses de leurs maris et obligées de renoncer à la communauté, et d'autres coutumes qui, pour les consoler du dénûment complet où les laissait leur renonciation, leur accordaient un trousseau; ainsi, la coutume de Bretagne, art. 436 (voir Toullier, tome XIII, liv. 3, tit. V, sect. VI, n° 281), accordait à la veuve renonçante son lit garni et son coffre, deux robes et accoutrements fournis à son usage qu'elle voudra choisir, et partie des joyaux et bagues, selon l'état et la qualité de la maison de son mari.

La femme renonçante, art. 1493, *reprend*, et non pas *préléve* : 1° les immeubles à elle appartenant lorsqu'ils existent en nature, ou l'immeuble qui a été acquis en remploi; dans ce cas, la femme agit à titre de propriétaire; 2° le prix de ses immeubles aliénés dont le remploi n'a pas été fait; 3° toutes les indemnités qui peuvent lui être dues par la communauté. Dans ces deux derniers cas, à quel titre la femme agit-elle? A titre de créancière. La Cour de Cassation, jusqu'en 1858, décidait que la femme renonçante primait les créanciers de communauté par *a fortiori*, disait-elle, de la femme acceptante; raisonnement des plus faux, car la loi doit se montrer plus favorable pour la femme acceptante.

Puisque la femme renonçante est une vraie créancière, et ceci n'est plus contesté aujourd'hui, elle doit procéder par voie de saisie sur les biens de son mari et se payer sur le prix d'adjudication. La femme doit au fisc un droit proportionnel de mutation quant aux biens qu'elle prend en paiement; si la femme prend en paiement certains immeubles, elle doit transcrire, car il y a changement de propriété : c'est une véritable *datio in solutum*. Cependant, le droit de la femme aux reprises est un droit mobilier, car, ce qui lui est dû, c'est de l'argent. La femme créancière en reprises de la communauté a droit aux intérêts du jour de la dissolution de la communauté.

La femme renonçante, comme garantie de ses reprises, a hypothèque légale sur les immeubles de son mari, art. 2121, 2135; mais a-t-elle hypothèque légale sur les conquêts de communauté? Il faut adopter l'affirmative; en effet, le droit de copropriété de la femme était soumis à une condition résolutoire qui se réalise; il faut donc considérer la femme comme n'ayant jamais été commune. Aussi, la loi du 22 frimaire an VII n'assujettit-elle pas le mari à payer un droit de mutation. Si la communauté est effacée rétroactivement, il en est de même du mandat donné par la femme au mari, et rien ne s'oppose plus à l'application de l'art. 2135. On objecte que la renonciation de la femme n'empêche pas que la communauté n'ait existé en fait, et que le mari n'ait reçu le pouvoir de disposer des biens communs. La femme, en renonçant, est considérée comme n'ayant jamais donné le mandat. On ajoute que notre système détruit complètement le crédit de la communauté; cette objection doit être écartée, puisqu'elle conduirait à refuser à la femme le droit d'exercer son hypothèque légale, même sur les biens du mari, et par suite à rendre complètement inutile l'hypothèque légale de la femme.

Les reprises de la femme renonçante peuvent être exercées par ses héritiers, mais ceux-ci ne peuvent prendre les linges et hardes, n'ont pas droit au loyer et à la nourriture pendant le délai pour faire inventaire et délibérer.

Section II. — Des obligations de la femme renonçante.

Malgré sa renonciation, la femme reste engagée envers le mari au paiement des créances que ce dernier peut avoir contre elle comme chef de communauté, et elle doit les intérêts à partir de la dissolution de la communauté; elle reste tenue des récompenses qu'elle devait à son mari, mais les intérêts de ces récompenses ne courent que du jour de la demande en justice.

Au point de vue du droit de poursuite, la femme reste également engagée, envers les tiers créanciers, au paiement de toutes les dettes de la communauté, auxquelles elle est personnellement obligée. Il en est ainsi notamment de ses dettes antérieures au mariage, de celles qui grevaient les successions mobilières à elle échues, et de celles qu'elle a contractées durant la communauté avec l'autorisation du mari ou avec l'autorisation de la justice pour les causes indiquées par l'art. 1427, art. 1494.

Lorsque la femme est poursuivie à raison d'une dette de cette nature, au point de vue de la contribution, elle ne doit pas supporter cette dette; aussi a-t-elle un recours en indemnité contre le mari pour le montant de ce qu'elle est obligée de payer. Suivant MM. Aubry et Rau, elle est même fondée à exiger, avant toute poursuite, qu'on comprenne dans la liquidation de ses droits une somme égale à celle pour le montant de laquelle elle est exposée à être poursuivie à raison des dettes qu'elle a contractées avec son mari, en offrant de consigner cette somme pour le compte de ce dernier. Le mari pourrait repousser l'action en recours de la femme, si la dette avait été contractée, pendant le mariage, dans l'intérêt personnel de la femme.

POSITIONS.

Droit Romain.

1° Si vir, cum dos ei a muliere vel a socero vel ab extraneo promissa aut dicta fuerit, novationem fecerit per expromissionem vel delegationem, dos periculo mariti erit, sed si ab initio dos per delegationem vel per procurationem in rem suam constituta sit, dotis periculum ad mulierem pertinebit, maritus tantum dolum et culpam præstare debet, periculum non.

2° Leges 18, *De fundo dotali*, et 7, § 13, *Soluto matrimonio*, conciliari possunt.

Droit Français.

Code Napoléon.

1° L'étranger divorcé valablement d'après les lois de son pays peut-il se remarier en France? — Non.

2° Les enfants naturels nés soit d'un oncle et de sa nièce, soit d'un neveu et de sa tante, soit d'un beau-frère et de sa belle-sœur, sont-ils légitimés par le mariage subséquent de leurs père et mère, lorsque des dispenses ont été obtenues? — Non.

3° L'étranger jouit-il en France, en principe, de tous les droits accordés aux Français? — Oui.

4° Le subrogé n'acquiert-il que les priviléges, hypothèques et cautionnements garantissant la créance du subrogeant, ou acquiert-il la créance même? — Il acquiert la créance même.

5° Les créanciers des cohéritiers de l'indigne peuvent-ils, en vertu de l'art. 1166, exercer l'action en indignité? — Non.

6° La femme mineure qui a recelé ou diverti des effets de la communauté est-elle déchue du droit de renoncer? — Non.

7° Si la veuve est morte avant d'avoir accepté ou répudié la communauté, et que ses héritiers ne soient pas d'accord, quel article faut-il appliquer? Est-ce l'art. 1475? Est-ce l'art 782? — C'est l'art. 1475.

Procédure Civile.

L'exception de la caution *judicatum solvi* doit-elle être proposée avant l'exception d'incompétence et l'exception de nullité? — Oui.

Droit Commercial.

La prescription quinquennale de l'art. 64 C. Com. s'applique-t-elle aux associés liquidateurs? — Oui.

Droit Administratif.

Le conseil de préfecture est-il compétent pour connaître des contestations qui s'élèvent entre l'Etat et les tiers acquéreurs des biens de l'Etat? — Non.

G. DE CAQUERAY.

Rennes, ce 1er août 1864.

Vu pour l'impression,
Le doyen, Th. BIDARD.

Rennes. — Imp. Catel.

www.ingramcontent.com/pod-product-compliance
Lightning Source LLC
Chambersburg PA
CBHW061330050726
47595CB00005B/1867